목사와 시인

목사와 시인

- 초판 1쇄 인쇄 2025년 3월 5일
- 초판 1쇄 발행 2025년 3월 13일

- 지은이 노록수
- 펴낸이 조유선
- 펴낸곳 누가출판사
- 등록번호 제315-2013-000030호
- 등록일자 2013. 5. 7
- 주소 서울시 강서구 공항대로 59다길 276(염창동)
- Tel 02-826-8802, Fax 02-6455-8805
- 정가 20,000원
- ISBN 979-11-85677-90-3 03230

목사와 시인

노록수 시집

출판사
누가

정영호_새하늘시민교회 담임

"청국장을 한 그릇 먹은 듯..."

오래된 맛,
천국 가신 어머니의 향처럼,
고향을 맛본 듯합니다.
소년 같은 마음을 슬쩍 엿볼 때,
내 어린 시절도 보이고,
푸념 같은 넋두리를 읽으며,
엇비슷한 세월 앞에, 어쩔 줄 몰라 했던
초라한 모습도 잠깐 보았습니다.
선교사의 삶, 사역 이야기를 들으며
경험해보지 못하고,
가보지 못한 세상의 동경심도
한껏 불러 일으켰습니다.
어렵지 않은 글,
누구나 공감하며 고개 끄덕일 수 있는 글,
따뜻하지만 눈물을 감추고 있는 글이어서
감히 추천의 글을 써봅니다.
구수한 청국장을 한 그릇 먹은 느낌으로....

평소에 가까이 지내며 속으로 많이 존경하는 목사님이 계신다. 그분이 어느 날 나에게 별명을 지어주셨는데 '허당' 노록수라고 부르시며 껄껄 웃으셨다. 미당 서정주, 허당 노록수... 참 정확하게 나의 특징을 파악하신 것 같다. 나에게는 허점이 많다. 대단한 줄 알고 가까이 해보면 금방 실망할 많은 것을 발견한다. 그러니 나의 주인이 나를 쓰시는데 많이 힘드실 것이다. 그럼에도 나를 해고시키지 아니하시고 하나님 나라 건설의 작은 부분에서라도 계속 사용하시는 것이 은혜요 감사이다.

그저 주님 사랑하는 그 단순한 마음 하나 가지고 살아간다. 주님과의 사랑 속에 피어난 작은 생각의 열매들이 나의 시편들이다. 하나님에 대한 생각, 말씀에 대한 묵상, 인생살이에 대한 상념들이 서투른 표현으로 여기 적혀있다. 초등학생 수준의 시편들이라 부끄럽기도 하지만 한 목사의 일기장이라 생각하며 읽어주시면 감사하겠다. 끝으로 최근에 손녀 유엘이를 선물로 주신 하나님께 감사를 드린다.

노록수_선교지 남아공 픽스버그에서

목차

노록수 시인의 시의 꽃밭에서

김영산 교수_고신대 / 전, 부산 문학 편집장

꽃을 보려거든 자라 올라 온 뿌리를 보라!

시인의 고향은 전라도 벌교이다. 소설 태백산맥의 공간적 배경이기도 하고 꼬막으로 유명한 남도의 작은 시골 지역이다. 그가 태어나기 전 그를 임신한 어머니께서 아버지와 불화로 인해 이혼하시게 되었는데, 그 때문에 그는 평생을 아버지 없는 가정에서 태어나 홀어머니 밑에서 자라게 되었다. 29세에 이혼으로 청상과부가 되신 어머니는 시골의 5일장을 전전하시며 장사를 하시었는데, 항상 술에 취해서 집에 들어오셨다.

남편 없는 인생의 허전함을 술로 때우시고, 술에 취해 운명을 저주하며 우시고 술주정을 하는 나날을 보내시는 어머니 때문에 그의 어린 시절은 어둡고, 가난하고, 칙칙한 비극적인 기억으로만 채워져 있다. 친척이나 가족들 중 교회와 관련된 사람은 아무도 없었고. 그저 외로움을 친구들과 공차고 노는 것으로 달래었기에 일요일에 교회 가는 사람들을 이해할 수 없었고, 전혀 영적인 일에 관심도 없었다.

기드온 협회 성경책이 인생을 바꾸었다

그러다가 그는 중학교에 들어가게 되었는데, 그가 다닌 벌교 삼광중학교는 미션스쿨이었다. 교장선생님이 장로님이셨고, 학교 복도에는 "여호와를 경외하는 것이 지식의 근본이니라"(잠 1:7)는 성경 구절이 큼지막하게 걸려 있었다. 그리고 교실에 들어오신 일학년 담임선생님께서 기드온 협회에서 제작한 푸른색의 성경책을 학생 모두에게 나눠주며 일요일에 가까운 교회에 모두 출석하라고 하셨다. 옛말에 친구 따라 강남 간다고, 친구보다 더한 선생님의 권유로 교회를 출입하게 되었지만 예배가 지루하였고, 특히 목사님의 설교 시간이 너무 길고 이해가 안 되어 그냥 앉아 있다가 예배가 끝나면 부리나케 뛰쳐나와 친구들과 놀러 다니며 교회 다니는 시간을 아깝게 여겼다.

그러던 어느 주일에 목사님의 설교 중 예수 믿으면 천국 가고 불신자는 지옥 간다는 말에 반감을 가지고 예배 후에 목사님께 다가가 당돌하게 물어보았다. "목사님, 눈으로 직접 천국을 보신 적이 있나요? 하나님도 만나 보셨나요?" 그랬더니 목사님께서 답변하시기를 자신이 직접 본 적은 없다고 하셨다고 한다. 그러면 어떻게 아시고 하나님을 전하시고 천국, 지옥을 설교하시냐고 따졌더니, 자신은 본 적이 없지만 성경을 통해서 알았다고 하셨다는 것이다.

그러면서 그에게 성경을 한 번이라도 읽어보았느냐고 물으셨다.
그는 그때까지 기드온 협회에서 나눠준 성경책을 가지고는 있었
지만 단 한 번도 직접 눈으로 읽어본 적이 없었기에 못 읽어봤다
고 했더니, 목사님께서는 성경이 세상에서 최고로 많이 읽힌 베
스트셀러인데 성경을 안 읽어 본 사람은 세상에서 제일 무식한
사람이라고 하시며 그에게 신약성경이라도 다 한 번 읽어보고 의
문이 있으면 목사님께 다시 와서 질문하라고 하셨다.

베스트셀러 성경 안 읽어 본 자는 무식한 자이다

무식하다는 말에 창피했던 그는 이해가 되든지 안 되든지 일단
성경을 한 번이라도 읽어보자 결심하고 마태복음부터 읽기 시작
하였다. 그리고는 일주일 만에 신약성경을 다 독파하였다. 그리
하여 성경을 읽는 중에 그의 기독교에 대한 선입관이 달라졌다.
성경을 읽기 전에는 기독교가 단순히 사랑을 외치는 윤리 종교
인 줄 알았는데, 알고 보니 예수님의 십자가를 믿어야 천국 가게
된다는 영적 세계를 강조하는 구원의 종교였다. 그리고 예수님이
하나님의 아들이심을 강조하는 종교였음을 알게 되었다. 그러자
그의 마음속에서 성경의 내용을 믿을까 말까 하는 내적 갈등이
일어났다. 참말인 것도 같고, 과장이 심한 것 같기도 했던 것이다.
그러다가 아무리 생각해도 예수님이 거짓을 말하는 분이 아닐 것

같다는 생각이 들어 믿어보기로 작정하였다. 그 후 자기가 믿는 예수님을 어머니에게도 전도하고 자신은 목사가 되고 선교사가 되어 아프리카에 선교사로 나가 30년째 섬기고 있다.

시 정신은 생철학인데 그것은 그의 세계관의 표현이다

무릇 산문이든 운문이든 모든 글은 작자의 삶의 자리에서 형성된 마음의 담고 있는 것의 기록이라고 할 수 있다. 그런데 시 속에 담긴 시인의 소망은 보통 사람의 일상적인 글이나 문장과는 다르다. 훌륭한 시 작품들 속에 서려 있는 시인의 소망은 승화된 소망이라고 할 수 있는데 이를 시인의 가슴속에 있는 시 정신이라고 말 할 수 있다. 이와 같은 시 정신은 진眞, 선善, 미美, 화和, 성聖을 소중히 생각하는 철학의 뿌리와 같이하는 것이다. 그의 철학은 그가 가진 종교와 밀접한 관련을 가지고 있는데 시인의 생철학은 성경에서 우러나온 기독교 신앙을 배경으로 하고 있다. 다시 말해 예수님의 마음을 소유한 信望愛를 추구하는 것이 그의 삶의 철학의 밑거름이다. 예를 들면 예수님은 물푸레 나무이다라든지, 엘리야의 우울증, 죄와 나의 분리, 참 기막힌 나 등등의 시는 신앙 고백적인 시이다.

노록수 시인의 시는 산문적 시다!

소설가로서 한국인 최초로 노벨 문학상을 받은 한강의 문장들은 유려하고도 시적이라고 평가한다. 다시 말해 산문 장르인 소설 속의 문장이지만 아무 데나 펼쳐 한 대목을 툭 끊어 낭송해 보면 그 특유의 리듬감에 운문인 시처럼 읽히기도 한다는 것이다.

반면 노록수 시인의 시는 때로는 어느 날의 일기를 읽는 것과 같은 시이기도 하고, 어떤 시는 설교 같은 시이기도 하고, 어떤 시는 기독교인의 특유한 신앙 간증 같은 산문적인 시이기도 하다.

현대 시를 외형률의 유무와 행의 표기 형태를 기준으로 따져 보면 크게 네 가지 유형으로 구분할 수 있을 것이다. 운문 형식이며 행 구분이 있는 시, 산문 형식이며 행 구분이 있는 시, 운문 형식이며 행 구분이 없는 시, 그리고 산문 형식이며 행 구분이 없는 시인데 군이 작가의 시가 어느 범주에 속하느냐 묻는다면 마지막에 해당된다고 생각된다.

시인의 삶의 자리Sitz im Leben

시인의 삶의 자리는 어린 시절은 벌교라는 시골 동네 나지막한 초가집이다. 그러나 거기에는 세상 그 무엇과 바꿀 수 없는 어머니의 체취와 모시 적삼 냄새가 서려 있는 곳이다. 정지용의 향수라는 시처럼 시인이 어찌 그곳을 잊을 수 있을까. 그 고향 옛집의 향수는 언제나 달려가고픈 곳으로 지금도 어머니가 부엌에서 달려 나올 것 같은 추억의 장소이다.

그의 삶의 중간기는 교육과 훈련 그리고 임상 목회 훈련의 세월이었다. 그는 서울대와 고신대학원을 졸업하고 국내에서 청소년 부흥 사역과 교회 개척에 헌신하다가 처음 선교하러 간 곳은 방글라데시였다. 그러나 그곳은 회교 국가라 마음껏 선교하지 못하는 것이 노 선교사의 은사와는 맞지 않았다. 그러던 중 잠시 한국에 나와 있을 때 남아프리카 공화국에서 유학하는 선배를 만났다. 그리하여 그는 아프리카 선교에 소명을 받고 1995년 아내와 자녀 셋과 함께 아프리카로 떠났다. 먼저 남아프리카 공화국 스틸폰테인 예수전도단 DTS 베이스에서 2년간 훈련을 받은 후 선교사역을 시작하게 되었다.

본격적인 선교사역으로 일하게 된 시인의 삶의 자리는 36세에 찾아간 남아프리카 공화국이다. 그는 거기에 머물면서 세계 최빈국 중의 하나이며 에이즈 환자가 득실거리는 레소토의 병약한 자들을 찾아 섬기기도 하였고 또 프랑스의 식민 지배받다가 1960년 아프리카의 봄에 독립한 마다가스카르섬에 가서 선교사로 섬기기도 하였다.

그는 지금도 나이를 잊어버린 채 지칠 줄 모르면서 남부 아프리카 목회자들을 위한 정기적 목회자 학교를 열어 현지인 목회자 재교육을 하고 있다. 레소토, 짐바브웨, 잠비아, 보츠와나, 그리고 콩고 등지에서 목회자 학교를 섬기는 선교사의 삶을 살아가고 있다.

시인 노록수의 시집에서 만나는 다섯 종류의 인간

첫째, 호모 파티엔스Homo Patiens 즉 함께 고통을 나누는 인간이다.

그의 시 세계에서 먼저 고통 중에 함께 공감하는 어머니와 오남
이란 친구를 만나게 된다.

<blockquote>
나의 고3 시절 / 그해 겨울은 유난히 추웠다

2교시 영어 시간에 / 갑자기 목이 갈근거리더니 /속에서 피가 나왔다

그날부터 폐결핵 약을 조석으로 먹으며

나는 학교 대신 집 뒷방에 누워 / 차디찬 겨울바람 소리를 하루 종일 들
어야 했고

엄니는 아들 죽을까 봐 / 동네 개들은 다 잡아 나를 먹였다

물새처럼 외롭던 어느 날

유난히 단짝 친구 오남이가 보고 싶었고 / 그리움에 몸을 뒤척이다 잠이
들었다

불현듯 머리맡에 / 따뜻한 느낌이 들어 눈을 떠보니

학교에 있어야 할 오남이가 / 내 손을 잡고 기도하고 있었다

니가 너무 걱정되고 / 보고 싶어 조퇴하고 왔어

그해 겨울은 친구가 있어 / 그렇게 숨을 쉴 수가 있었다

- 친구 오남이 시 중에서 -
</blockquote>

이 시대의 문제는 삶의 외형은 좋아졌지만 타인과 이웃 그리고

동료 사이에 찐한 우정을 나누는 이웃이 없는 슬픈 세상이다. 이 시의 행간에서 동네 개들을 다 잡아 아들을 살리려는 어머니의 애간장 타는 모습도 지나간다. 동시에 순천에서 벌교까지 수업을 취소하고 버스를 타고와 친구를 곁에서 간호하는 오남이의 우정의 손길이 감동적으로 다가온다.

둘째. 호모 릴리기오수스homo religiosus 즉, 인간은 종교적 존재이다.

시인은 '참 기막힌 나'라는 시에서 가면을 쓰고 살아갈 때가 있었음을 뉘우치며 하나님 앞에서 단독자로 서서 자기 자신을 깊이 성찰한다.

> 나도 내가 싫을 때가 있다/다른 사람들이 날 비난하기 전에
> 내가 먼저 나에게 실망한다
> 나에게는 도대체 흔히 페르소나라고 부르는/몇 개의 가면이 있는 걸까
> 선교사답지 못하고/성도답지 못하고/하나님의 형상답지 못할 때가 제일
> 괴롭다
> - 참 기막힌 나 시 중에서 -

그런 회개 이후의 누리는 기쁨을 자신의 시 '죄와 나의 분리'라는 시에서 고백하였다. 이런 기쁨은 낮은 차원의 기쁨이 아니라 고급 차원의 기쁨 즉 영적인 기쁨, 천상의 기쁨이기에 체험한 자 외에는 모르는 영역이기도 하다.

셋째, 더불어 사는 인간 즉 호모 심비우스homo symbious를 만난다.

시인은 1남 2녀의 자녀를 데리고 아프리카로 갔다. 거기서 버려지고 병들고 가난한 원주민들을 자기의 자식으로 삼고 키우고 양육하여 사반세기가 흘렀다. 그들은 하나같이 백향목처럼 푸르고 싱싱하게 잘 자라났다.

> 내게 딸린 열다섯 명의 자식들,
> 세 명은 한국에서 낳았고/ 열두 명은 아프리카에서 얻었다
> (중략)
> 마뿌시가 생후 4개월 때 제일 먼저 왔고
> 존이 6개월 아기 때 엄마 품에 안겨 / 우리 집에 맡겨졌다
> 존 엄마는 우리 집에 존을 맡기고 / 다음 주에 에이즈 병으로 인해
> 한 줄기 바람처럼 무심히 세상을 떠났다
> - 자식 농사 시 중에서 -

시를 읽는데 목이 메이고 콧물이 흐르는데 삼키었더니 목구멍으로 넘어가고 있었다. 언어의 유희로 자식 농사라는 시를 쓸 수는 있어도 나는 15명의 자녀들을 키우기는커녕 네 자식도 힘들어 하고 있는 처지가 부끄러워진다.

넷째, 희망하는 인간 즉 호모 에스페란스homo esperans를 만난다.

시인은 그 어떤 사고와 시련 그리고 어려움 가운데서도 오뚜기처럼 일어선다. 그것은 희망이라는 무게중심이 자신의 기독교 신앙 안에서 확고하게 자리 잡고 있기 때문이다. 시인이 쓴 물푸레 나무란 시를 읽어보자

이 나뭇가지 하나를 꺾어/ 물에 담그면 /잉크빛 푸른 물로 변합니다
예수님이 내 마음속에 들어오신 후 /나는 그분의 사람이 되었습니다
그분의 보혈이 나를 물들여 / 죄인을 의인으로 칭함받게 했습니다
예수님은 나의 물푸레 나무입니다
- 물푸레 나무 시 중에서 -

희망의 경구로 자주 쓰이는 라틴어가 있다. '스페로 스페라Spero Spera'이다. '나는 희망한다, 너도 희망하라'는 뜻이다. 철학자 키케로도 "둠 스피로 스페로Dum Spiro Spero"라고 말했다. 숨을 쉬는 한 희망은 있다는 것이다.

다섯째, 사랑하는 인간, 즉 호모 아만스homo amans 를 만난다.

라틴어 amans는 "사랑하다"라는 라틴어 동사 amo의 현재 분사형이다. 사람은 사랑이란 말과 삶이란 단어와 깊은 연관이 있다. 다시 말해 사람이 산다는 것은 사랑을 주고받으며 살 때 진정한 의미가 생기는 것이다. 만약 백세 수를 살았다 해도 사랑을 하지

도 않았고, 사랑을 받지도 못하고 살았다면 백세 수가 무슨 의미
가 있을 것인가?

시인은 '사랑의 권력 서열'이란 시에서 다음과 같은 시구를 우리
에게 선사한다.

세상의 상식은 힘 있는 자가 갑인데

사랑의 법칙은

더 많이 사랑한 자가 약자이고

덜 사랑한 자가 강자가 된다

예수님은 날 더 사랑했기에 / 한없이 약해져

나무 십자가에서 / 날 위해 못 박혀 죽으셨다

- 사랑의 권력 서열 시 중에서 -

사람이 사람끼리 서로 주고받는 사랑도 중요하지만 가장 궁극적
인 사랑은 하나님이 인간을 사랑하신 사랑이란 말을 하고 있다.
그 사랑은 모든 인류가 받아야 하고, 받을 수 있는 무조건적인 사
랑이란 말이다. 조건적 사랑이 일반화된 세상 속에서 순수한 사
랑, 아가페의 사랑을 그의 시에서 증거 한 예수님 십자가에서 만
나게 된다.

나가면서

흔히들 시인들끼리 모이면 하는 말은 '자기의 첫 시집은 버리라'는 말이 있다. 다시 말해 첫 작품은 모자라는 부분들이 많이 보이기 때문일 것이다. 하지만 세상의 모든 시인들이 그런 과정을 경험하면서 대작가의 반열로 성장해 간다는 것을 기억하면 기죽을 일도 없고 그 첫 시집을 버릴 이유도 없는 하나의 과정일 것이다.

마치 마그마가 땅속에서 부글부글 끓어 견디고 견디다가 드디어 화산으로 폭발되듯이 한 권의 시집이 탄생 되는 과정도 그러하다. 시인이 씨를 쓰기 위한 마음속의 희노애락의 끓어오름 속에서 얼마나 긴 세월 가슴앓이를 해왔는지 그 시인 외에는 아는 자가 없을 것이다. 그러므로 독자들은 시집 앞에서 작가 시인을 직접 대하듯이 진지하게 글과 글, 행과 행 사이를 천천히 음미하며 되새김질해 볼 일이다.

벌써 美壽, 아름다운 나이 66세를 지나면서 그가 생애 첫 시집을 펴냈다. 어떤 이는 그 나이에 은퇴를 하거나 준비하는 이들도 적지 않지만 노록수 시인은 영원한 청춘이요, 꿈을 꾸고 살아가면서 삶으로 시를 쓰는 자이다. 이 시집 이후에 다시금 이어서 우리의 심신을 시원하게 해줄 다음 작품을 기대하며 그가 시인의 반열에 오름을 축하하는 바이다.

목사와 시인

어느 때나
하나님을
본 사람이 없으되
만일 우리가 서로 사랑하면
하나님이
우리 안에 거하시고
그의 사랑이
우리 안에
온전히 이루느니라

- 요일 4:12 -

목사와 시인

시인 이생진은
시를 쓴다는 것은 낯선 호숫가 벤치에 앉아
물속에 빠져버린 하늘을
다시 건져 올리는 작업이라고 했다

어리석은 일 같고
돈이 안 되는 헛된 수고 같아 보인다

그러나 이 세상에 시인이 없다면
꿈과 희망과 사랑과 그리고 갑갑한 현실을 돌파하는
시원한 상상력과 아득한 그리움을
누가 노래해 준단 말인가

목사는 세상 바다 한가운데로
교회라는 배를 타고 나가
파도와 싸우며 사람들의 영혼을
말씀의 미끼로 낚아 올리는 사람이다

지옥의 심연을 무리지어 헤엄쳐 가는
수많은 물고기들을

복음의 그물을 던지고 또 던져
천국으로 이끄는 어부인 것이다

그래서 이 세상에는 시인도 있어야 하고 목사도 있어야 하느니

말씀하시되
나를 따라 오너라
내가 너희로
사람을 낚는 어부가 되게 하리라
하시니 저희가 곧 그물을 버려두고
예수를 좇으니라

마 4:19–20

친구 오남이

고3 시절
그해 겨울은 유난히 추웠다

2교시 영어 시간에
갑자기 목이 갈근거리더니
속에서 피가 나왔다

그날부터 폐결핵약을 조석으로 먹으며
나는 학교 대신 집 뒷방에 누워
차디찬 겨울바람 소리를 하루종일 들어야 했고
엄니는 아들 죽을까 봐
동네 개들은 다 잡아 나를 먹였다

물새처럼 외롭던 어느 날
유난히 단짝 친구 오남이가 보고 싶었고
그리움에 몸을 뒤척이다 잠이 들었다

불현듯 머리맡에
따뜻한 느낌이 들어 눈을 떠보니
학교에 있어야 할 오남이가

내 손을 잡고 기도하고 있었다

니가 너무 걱정되고
보고 싶어 조퇴하고 왔어

그해 겨울은 친구가 있어
그렇게 숨을 쉴 수가 있었다

다윗이 사울이 자기의 생명을 빼앗으려고
나온 것을 보았으므로
그가 십 광야 수풀에 있었더니
사울의 아들 요나단이 일어나
수풀에 들어가서 다윗에게 이르러
그에게 하나님을 힘 있게 의지하게 하였는데
곧 요나단이 그에게 이르기를
두려워하지 말라
내 아버지 사울의 손이 네게 미치지 못할 것이요
너는 이스라엘 왕이 되고
나는 네 다음이 될 것을
내 아버지 사울도 안다 하니라
두 사람이 여호와 앞에서 언약하고

삼상 23:15-18

엄마 생각

벌교장 고흥장 순천아랫장 구례장...
과부 울 엄마는 헌 옷 장사꾼

물건 떨어져 머나먼 남대문 시장에 가실 때
동네 앞 넓은 벌교 들판으로 나오라 하셨지

서울행 완행열차가 큰 지네처럼 들판을 가로질러 갈 때
헐레벌떡 송아지처럼 기차를 향해 달음박질하던 나에게
기차 난간 부여잡고 내 이름 부르시며 던지시던 엄마의
흰 비닐 봉투

복숭아며 포도 몇 송이 그리고 붕어빵

엄마 사랑 먹으며 자랐던 어린 시절이여...

어머니의 넓은 사랑 귀하고도 귀하다
그 사랑이 언제든지 나를 감싸줍니다
내가 울 때 어머니는 주께 기도드리고
내가 기뻐 웃을 때에 찬송 부르십니다

찬송가 579장

목사와 시인

토왕성 폭포

해마다 폭염을 실은
여름이 오면
설악산의 깎아 지른 절벽 사이로
흰 비단이 뱀처럼 꿈틀거릴 때가 있다

장맛비가 만든 순식간의 비경
대한민국 최장 3단 폭포

토왕성 폭포는
장마가 그치면 함께 사라진다

한때의 나의 찬란한 청춘도
토왕성 폭포처럼 기약도 없이
그렇게 지나갔다

참 아름다와라 주님의 세계는
저 솔로몬의 옷보다 더 고운 백합화
주 찬송하는 듯 저 맑은 새소리
내 아버지의 지으신 그 솜씨 깊도다

찬송가 478장

목사와 시인

잊지 못할 가을

필라델피아에 가서
마차를 타고 검은 옷을 입고 자연의 일부가 되어 살아가는
아미쉬 마을 사람들을 보았다

그날
필라델피아의 가을은 서럽도록 시리게 청명했고
함께한 친구의 따뜻함과
필라델피아의 노오란 단풍이 하모니를 이루며
이국의 가을 속에 내 마음은 붉게 물들어 갔다

사람이 아름다울까
가을 단풍이 더 아름다울까
그런 질문이 맘속을 맴돌고 있었다

하나님이 지으신 그 모든 것을 보시니
보시기에 심히 좋았더라
저녁이 되고 아침이 되니
이는 여섯째 날이니라

창 1:31

뉴욕에 가면...

어릴 적 뒷동산에 모여 둥그런 달빛 아래
깔깔거리며 뛰놀던 아스라한 추억 속의
친구들 같은 사람들이 있어 좋아요

후지 사과 같은 상냥한 목사님
경건의 본을 보여주는 장로님
한결같은 헌신으로 교회를 부요케 하는 권사님

뉴욕에 가면
고향도 맛보고 천국도 누려서 좋아요

우리가 알거니와 하나님을 사랑하는 자
곧 그의 뜻대로 부르심을 입은 자들에게는
모든 것이 합력하여 선을 이루느니라

롬 8:28

저기 꿈꾸는 자가 오는도다

요셉은 꿈의 사람이었다

하나님이 그에게 미래의 꿈을 주셨고
그의 일생은 그 꿈대로 되었다

요셉의 꿈은 적극적 사고방식에서 나온 사람의 야망이 아니었다

나에게도 하나님이 꺼지지 않는 꿈 하나를 주셨다

남부 아프리카에 성경적인 보수교회들이 우후죽순처럼 일어나

오직 예수, 오직 성경을 외치고 사는 것이다

그 꿈이 이뤄진다면
난 오늘 죽어도 여한이 없겠다

내 눈 주의 영광을 보네
우리 가운데 서신 주님
그 빛난 영광 온 하늘 덮고
그 찬송 온 땅 가득해
내 눈 주의 영광을 보네
찬송 가운데 서신 주님
주님의 얼굴을 온 세상 향하네
권능의 팔을 드셨네
주의 영광 이곳에 가득해
우린 서네 주님과 함께
찬양하며 우린 전진하리
모든 열방 주 볼 때까지

찬양 : 내 눈 주의 영광을 보네

참 기가 막힌 나

나도 내가 싫을 때가 있다

다른 사람들이 날 비난하기 전에
내가 먼저 나에게 실망한다

나에게는 도대체 흔히 페르소나라고 부르는
몇 개의 가면이 있는걸까

선교사답지 못하고
성도답지 못하고
하나님의 형상답지 못할 때가 제일 괴롭다

육신의 소욕은 성령을 거스리고
성령의 소욕은 육신을 거스린다

*페르소나: 심리학 용어로 개인이 사회생활 속에서 사람들로부터
비난받지 않기 위해 겉으로 드러내는 자신의 본래 모습과는 다른
태도 등을 말함

주 예수님 내 맘에 오사 날 붙들어 주시고
내 마음에 새 힘을 주사 늘 기쁘게 하소서

주 예수님 내 맘에 오사 내 소원 다 아시고
내 무거운 짐 맡아주사 참 평안을 주소서

주 예수님 내 맘에 오사 날 정결케 하시고
그 은혜를 내 맘에 채워 늘 충만케 하소서

주 예수님 내 맘에 오사 내 길 인도하시고
주 성령을 내 맘에 채워 늘 충만케 하소서

사랑의 주 사랑의 주 내 맘속에 찾아오사
내 모든 죄 사하시고 내 상한 맘 고치소서

찬송가 286장

목사와 시인

쿠팡 배달 근로자의 사망

2024년 5월 그 푸르던 어느 날,
쿠팡 로켓배송 기사
41살 정슬기 씨가
심근경색 의증으로 숨을 거두었다

저녁 8시 30분부터 배달을 시작하여
다음 날 아침 7시까지
개처럼 헉헉거리며 처자식 먹여 살리려
아파트 계단을 오르내리며
과중한 노동을 못이기고
속절없이 쓰러지고 말았다

나는 하루만 잠을 못 자도 온종일 피로가 짓누르는데...
정슬기 씨의 삶은 얼마나 힘들었을까

주여, 이 땅의 아픔 있는 곳
주 거기 계셔서 그 팔로 앓아 주시고
가난한 자들의 힘듦을 헤아려 주소서

네 마음을 다하며 목숨을 다하며
힘을 다하며 뜻을 다하여
주 너의 하나님을 사랑하고
또한 네 이웃을 네 자신 같이 사랑하라

눅 10:27

차미누카의 초승달

잠비아 루사카
차미누카 작은 언덕 위에 초승달이 떴어요

어릴 적 벌교 우리 동네
뒷동산에서 보았던
바로 그 정겨운 녀석이
언제 아프리카까지 이사를 왔을까요

잠비아로 선교하러 와
아프리카 남자랑 결혼하고 아이들 낳고
잠비아를 고향 삼아 살아가는 선교사님도
함께 저 달을 쳐다보고 있어요

밤중에 강도떼의 침입을 받고
두개골이 손상되어
낙엽처럼 쓰러졌던 선교사님도
지금은 다 회복되어
언제 무슨 일이 있었냐는 듯
아내의 손을 잡고
씩씩하게 저 달을 쳐다보고 있어요

우리는 그렇게
아프리카에서 저 초승달을 보며
저 달을 만드신 그분을 의지하고 살아가고 있어요

부름 받아 나선 이 몸 어디든지 가오리다
괴오루나 즐거우나 주만 따라 가오리니
어느 누가 막으리까 죽음인들 막으리까
어느 누가 막으리까 죽음인들 막으리까

찬송가 323장

목사와 시인

죄와 나의 분리

사도 바울은 선뜻 이해가 안되는 말씀을
로마서 7장에서 훅 꺼낸다

내가 원치 않는 죄를 범했을 때
그것을 행하는 자가 내가 아니요
내 속에 거하는 죄라는 도둑놈이 그랬다는 것이다

언뜻 들으면 궤변 같다
결과는 죄를 지었는데 그 죄를 지은 놈이
나 자신이든, 죄라는 도둑이든 무슨 상관이란 말인가

그래도 바울 사도는 꿋꿋하게 두 번이나 선언한다
내가 아니요 내 속에 거하는 죄니라

며칠 동안 끙끙 앓다가 겨우 섬광처럼 깨달음이 왔다
아 ~
죄와 나를 분리해야 죄를 미워하고 대적하여 싸울 수가 있구나...

내 속사람으로는 하나님의 법을 즐거워하되
내 지체 속에서 한 다른 법이
내 마음의 법과 싸워
내 지체 속에 있는 죄의 법으로
나를 사로잡는 것을 보는도다
오호라 나는 곤고한 사람이로다
이 사망의 몸에서 누가 나를 건져내랴
우리 주 예수 그리스도로 말미암아
하나님께 감사하리로다

롬 7:22–25

정치라는 괴물

40년 지기 멀쩡하게 친했던 친구도
정치 논쟁을 하고 난 후
원수나 된 것처럼 멀어졌다

너는 좌파
나는 우파

너는 빨갱이
나는 애국자

참 단순해서 좋다
태극기도 먼저 흔들면 애국자가 되는 건가

기도도 광장에 나가 목청껏 외치면
애국 신앙인이고
조용히 골방에서 나라를 위해 기도하면
애국자가 아닌가

나라가 없으면 교회가 없기에
정치가 중요하다고 하면서

무조건 내가 지지하는 당을 지지해야만
나라를 살리는 듯 흥분하는 당신은
도대체 남의 생각은 존중할 마음이
털끝만큼이라도 있기는 한 건가?

외식하는 자들아
어찌하여 나를 시험하느냐
세금 낼 돈을 내게 보이라 하시니
데나리온 하나를 가져왔거늘
예수께서 말씀하시되
이 형상과 이 글이 누구의 것이냐
이르되 가이사의 것이니이다
이에 이르시되
그런즉 가이사의 것은 가이사에게,
하나님의 것은 하나님께 바치라 하시니

마 22:18-21

자식 농사

내게 딸린 열다섯 명의 자식들,
세 명은 한국에서 낳았고
열두 명은 아프리카에서 얻었다

세계에서 에이즈 환자가 가장 만연한 남부 아프리카
선교사의 집에 에이즈로
부모 잃고 혼자가 된 핏덩이들을
하나님이 보내시기 시작하셨다

마뿌시가 생후 4개월 때 제일 먼저 왔고
존이 6개월 아기 때 엄마 품에 안겨
우리 집에 맡겨졌다
존 엄마는 우리 집에 아들을 맡기고
다음 주에 에이즈 병으로 인해
한 줄기 바람처럼 무심히 세상을 떠났다

소문이 퍼졌는지 사람들은
자꾸 에이즈로 부모 잃고 고아가 된
영아들을 보면 우리 집에 데려왔다

25년이 지난 지금,
단 한 명도 죽지 않고
다 레바논의 백향목같은 청년들이 되었다

나는 그렇게 하나님 덕분에
자식 벼락부자가 되었다

보라 자식들은 여호와의 기업이요
태의 열매는 그의 상급이로다
젊은 자의 자식은 장사의 수중의 화살 같으니
이것이 그의 화살통에 가득한 자는 복되도다
그들이 성문에서 그들의 원수와 담판할 때에
수치를 당하지 아니하리로다

시 127:3-5

외로움이 달빛처럼

생각난다
98세 된 일본의 한 할머니 시인이 아들에게 했던 말

난 말이야
외로울 땐 나에게 따뜻하게 대해준
사람들을 하나하나 생각하면서 용기를 얻어...

그래서 나도 마음이 울적할 때 그렇게 해 보았다

효과가 없었다
웬일인지 사람들에게 상처받았던 기억들이
더 많이 남아 따뜻한 기억들을 갉아먹었기 때문이었다

그래서 예수님을 생각했다
겟세마네 동산에서 울면서 기도하신 주님
십자가에서 피 흘리신 주님을 생각했다

비로소
외로움의 안개가 서서히 사라져 갔다

예수는 나의 힘이요 내 생명 되시니
구주 예수 떠나 살면 죄 중에 빠지리
눈물이 앞을 가리고 내 맘에 근심 쌓일 때
위로하고 힘 주실 이 주 예수

찬송가 93장

엘리야의 우울증

중학교 때 친했던 친구가 우울증에 걸렸다
큰 회사의 임원으로 일하다가
퇴직하고 집에 있으면서
어느 날 공황장애가 왔다
아무리 약을 먹어도 밤마다 잠이 안 와
유튜브에 빗소리를 찾아 틀어놓고 잠을 청했고
불쑥 자살 충동에 사로잡혀 자기도 자신이 무서웠다

어제까지 갈멜산에서 큰 용사가 되어
하늘에서 불을 내리게 했던 엘리야가
오늘은 한없이 약해져서 죽고 싶다고
자신을 죽여달라고 여호와께 애원한다

그러고 보니 갈멜산에서 나타난 불같은 능력은
엘리야의 권능이 아니라 전적인 하나님의 능력이었다

욕구불만, 정신적 충격, 두려움과 실망
자기 뜻대로 되지 않는 세상...
엘리야는 그래서 우울증 환자가 되어
광야 로템나무 아래서

조용히 세상을 하직하고 싶었다

나는 세상이 내 뜻대로 안 되고
나를 한없이 실망시켜도
절대자의 주권을 굳게 믿으며 견뎌낼 수 있을까?

세상 흔들리고 사람들은 변하여도 나는 주를 섬기리
주님의 사랑은 영원히 변하지 않네 나는 주를 신뢰해

믿음 흔들리고 사람들 주를 떠나도 나는 주를 섬기리
주님의 나라는 영원히 쇠하지 않네 나는 주를 신뢰해

오직 믿음으로 믿음으로 내가 살리라
오직 의인은 믿음으로 말미암아 살리라

찬양 : 오직 믿음으로 살리라

어떤 이별

그날 새벽
이별처럼 비가 내리고 있었다

남항대교의 멋진 풍경도
부산역에서 손을 흔들 때
슬픔 때문에 잊혀져 갔다

창원의 귀 어두우신 어머니
광안리의 눈 침침하신 어머니

홀로 남으신 양가 어머님들을 가슴에만 담고
떨어지지 않는 발걸음을 옮겨
우리 부부는 머나먼 뉴욕으로 간다

3월은 꽃을 기다리는 설레임이 있어 좋은 계절이지만
어머님을 두고 떠나야 하기에 잔인하기만 하다

예수께서 이르시되
내가 진실로 너희에게 이르노니
나와 복음을 위하여 집이나 형제나 자매나
어머니나 아버지나 자식이나 전토를 버린 자는
현세에 있어 집과 형제와 자매와 어머니와 자식과
전토를 백 배나 받되 박해를 겸하여 받고
내세에 영생을 받지 못할 자가 없느니라

막 10:29 - 30

목사와 시인

아내에게 바라는 한 가지 소원

여보,
많이도 말고 딱 한 가지 소원만 들어줘

그런 소원 말한다고 핀잔주지 말고
내가 언제 그렇게 안 했냐고 항변하지 말고
딱 한 가지만 들어 줘

항상 나에게 긍적적인 말만 해 줘

난 비행기에 예민한 짐 보낼 때 부착하는 것처럼,
"파손주의" 라는 딱지가 붙어 있는 질그릇이거든

사소한 부정적인 말만 들어도 금방 감정이 상해
철부지 어린애처럼 말이야

부정적인 말을 할 수밖에 없을 때도
플리즈~~ 제발 부탁해

좋은 말로 빙빙 바꿔서 얘기해 줘

근심이 사람의 마음에 있으면
그것으로 번뇌케 하나
선한 말은 그것을 즐겁게 하느니라

잠 12:25

슬픈 중고차

오래된 중고차
고장이 잦다

난
인내심 깊은 주인님의 성격 때문에
죽음의 위기는 면했다

오늘도 나를 몰고 즐겁게 일하시는 주인
가다가 예고도 없이
엔진이 시루룩 꺼져버렸다

일정은 엉망이 되고 손해는 막심하다
아, 어쩔 수 없이 이제는 폐차를 시켜야 하나

겁에 질리고 미안한 나는 주인님 얼굴을 차마
정면으로 보기 힘들어 고개를 떨군다

오직
부활의 그 날
이 못난 중고차의 아픔이 끝나리라

너희는 먼저
그의 나라와
그의 의를 구하라
그리하면
이 모든 것을
너희에게 더하시리라

마 6:33

선교지에서 홀로 부르는 노래

낯설은 이방의 땅에서
난 그 왕을 위해 살고 있네
주를 사랑함이 너무 지극해
나를 보내소서 고백했었지

막막한 광야의 한구석
난 잡초처럼 여기 서 있네
작다 낙심치 않으리
사람들에게 잊혀져 가도

사방에 복음의 적들은 우글거리고
외로움과 두려움에 지칠 때도 있지만
복음의 깃발 들고 나는 나아가네
주님의 깃발 들고 나는 나아가네

수많은 실패를 했었지
난 그것이 은혜였다네
주가 날 버리지 않는 한
난 복음의 전사로 싸우리

사방의 복음의 적들은 우글거리고
외로움과 두려움에 지칠 때도 있지만
복음의 깃발 들고 나는 나아가네
주님의 깃발 들고 나는 나아가네

보라
내가 오늘 너를 여러 나라와
여러 왕국 위에 세워
네가 그것들을 뽑고 파괴하며
파멸하고
넘어뜨리며 건설하고
심게 하였느니라

렘 1:10

사랑의 권력 서열

사랑을 처절하게 노래했던 시인 최승자님은
자신을 배신하고 떠난 그 남자를 못 잊어
찔린 몸으로 지렁이처럼 기어서라도
기어코 그에게 다가가고 싶다고 말한 적이 있다

세상의 상식은 힘 있는 자가 갑인데

사랑의 법칙은
더 많이 사랑한 자가 약자이고
덜 사랑한 자가 강자가 된다

예수님은 날 더 사랑했기에
한없이 약해져
나무 십자가에서
날 위해 못 박혀 죽으셨다

내가 확신하노니
사망이나 생명이나
천사들이나 권세자들이나
현재 일이나 장래 일이나
능력이나 높음이나 깊음이나
다른 어떤 피조물이라도
우리를 우리 주
그리스도 예수 안에 있는
하나님의 사랑에서
끊을 수 없으리라

롬 8:38-39

사람들의 평가

남아프리카까지 찾아와 주신
팔십이 훌쩍 넘으신 대선배 목사님이
나에 대해 들은 사람들의 평가를
솔직하게 말씀해 주신다

극과 극이야
참 좋다는 사람들도 있고
문제가 많다는 사람들도 있어

내색은 못 해도 가슴이 아려왔다
주님께 죄송했기 때문이다

달은 인간들에게
언제나 똑같은 한쪽만 보여 준다
가려진 다른 쪽은
하나님만 보실 수 있다

나의 한쪽만 보고도 사람들은 싫어하는데
모든 것을 다 보시는 하나님은
왜 나를 더 싫어하지 않으실까?
불가사의한 은총이다

그러나 나의 나 된 것은
하나님의 은혜로 된 것이니
내게 주신 그의 은혜가
헛되지 아니하여
내가 모든 사도보다
더 많이 수고하였으나
내가 아니요
오직 나와 함께하신
하나님의 은혜로라

고전 15:10

부유하신 하나님

어릴 적 보릿고개 시절
동네에서 잔치 소리가 들리면
얼른 뭐 하나 얻어먹으러
그 집 앞으로 달려갔다

록수야, 미안하다
음식이 다 떨어졌구나

부침개 한 조각이라도 기대했던 나는
군침만 흘리며 서럽게 돌아서야 했다

하나님은 참 부요하신 분이시다

은혜를 베풀어 달라고
그분 앞에 엎드려 하소연할 때
단 한 번도 은혜가 다 떨어져 버렸다고
나를 빈손으로 돌려보내지 않으신다

우리가 그 영광을 보니
아버지의 독생자의 영광이요
은혜와 진리가 충만하더라

구하라
그리하면 너희에게 주실 것이요
찾으라
그리하면 찾아낼 것이요
문을 두드리라
그리하면 너희에게 열릴 것이니
구하는 이마다 받을 것이요
찾는 이가 찾아낼 것이요
두드리는 이에게 열릴 것이니라

마 7:7-8

목사와 시인

물푸레 나무

이 나뭇가지 하나를 꺾어
물에 담그면
잉크빛 푸른 물로 변합니다

예수님이 내 마음속에 들어오신 후
나는 그분의 사람이 되었습니다

그분의 보혈이 나를 물들여
죄인을 의인으로 칭함 받게 했습니다

예수님은
나의 물푸레 나무입니다

우리가 아직
죄인 되었을 때에
그리스도께서
우리를 위하여 죽으심으로
하나님께서
우리에 대한 자기의 사랑을
확증하셨느니라

롬 5:8

무인텔의 불빛

순천에서 벌교 우리 동네로 넘어오는 길
진틋재 언덕 위에
무인텔이 허수아비처럼 허허롭게 서 있었다

누가 저 적막한 곳에 가서 잠을 자랴
나는 주인이 망할거라 생각했다

오늘밤
비가 짜락짜락 내리는데
진틋재 넘어오며 깜짝 놀랐다

무인텔 방방마다
훤한 전깃불이 새어 나오고 있었다

2024년의 여름
그렇게 이 세상은 흘러가고 있다

여자가 그 나무를 본즉
먹음직도 하고 보암직도 하고
지혜롭게 할 만큼 탐스럽기도 한 나무인지라
여자가 그 열매를 따먹고
자기와 함께 있는 남편에게도 주매
그도 먹은지라

창 3:6

목사와 시인

목사님, 입 다무세요!

부산 하단 오거리 굿모닝 치과
믿음 좋은 원장님이
목사라고 돈도 안 받고 임플란트를 해 주신다

지지지직~
차르르륵~

인조 이빨을 심는 공사가 한창이다
연탄불 위에 놓인 오징어처럼
나도 모르게 손발이 오그라진다

"목사님, 입 크게 벌리세요."
"아~"

나는 고분고분 빨리 공사가 마치기만을 바라며
순한 양처럼 얼릉얼릉 시킨대로 한다

잠시 후 한 단계 기초공사를 마친 의사가 내게 말했다

"목사님, 입 다무세요"

나는 그 말이 하도 우스워 혼자 키득키득 웃었다
평생 입으로 먹고 사는 나에게 입을 다물라니...

너는 말씀을 전파하라
때를 얻든지 못 얻든지 항상 힘쓰라
범사에 오래 참음과 가르침으로
경책하며 경계하며 권하라

딤후 4:2

모과

울퉁불퉁 못생긴 놈

손에 들고 넌 왜 그리 못생겼니
물어보는데
대답 대신 고고한 향기로움이 온몸에 스며든다

장미같이 이쁜 외모에
상한 젓갈 냄새가 나는 사람들도 많다

이왕이면 못생겨도
모과 같은 사람이 되었으면 좋겠다

여호와께서
사무엘에게 이르시되
그의 용모와 키를 보지 말라
내가 이미 그를 버렸노라
내가 보는 것은 사람과 같지 아니하니
사람은 외모를 보거니와
나 여호와는 중심을 보느니라 하시니라

삼상 16:7

며느리 보던 날

아이가 태어나면
그저 그 탄생 하나로 집안의 기쁨이 된다

우리 집 며느리도 그렇다

그토록 진중한 성격의 아들이
끔찍이도 좋아하는 여자라 나도 덩달아 좋다

리브가 같은 며느리 보내달라고
아들 고등학교 때부터 기도해 왔는데
하나님은 한술 더 떠
리브가의 시어머니 사라를 보내주셨다

사라야
딸보다 귀한 며늘아

낭떠러지 은밀한 곳에 사는 내 아들의 비둘기야

나의 사랑 나의 어여쁜 자야

아내들이여
자기 남편에게 복종하기를
주께 하듯 하라
이는 남편이 아내의 머리 됨이
그리스도께서
교회의 머리 됨과 같음이니
그가 바로 몸의 구주시니라
그러므로 교회가
그리스도에게 하듯
아내들도 범사에
자기 남편에게 복종할지니라
남편들아
아내 사랑하기를
그리스도께서 교회를 사랑하시고
그 교회를 위하여
자신을 주심 같이 하라

엡 5:22-25

능소화

오늘 길을 걷다
우연히

어느 집 담벼락에 핀 능소화 무리를 보았다

오지 않는 왕을 기다리다 죽어간
궁녀 소화의 전설을 아느냐고 묻는 듯하다

평소 존경하는
천안의 오병욱 목사님이 떠올랐고
그렇게 능소화는 말쑥하고 정갈하며 수줍은 듯 젠틀했다

그리하여
2024년의 칠월은
또 하나의 기다림을 내 속에 잉태시키며
능소화와 함께 느리게 흘러가고 있다

하나님의 날이 임하기를
바라보고 간절히 사모하라
그 날에 하늘이
불에 타서 풀어지고
물질이 뜨거운 불에
녹아지려니와
우리는 그의 약속대로
의가 있는 곳인
새 하늘과 새 땅을 바라보도다

벧후 3:12-13

느보산을 오르며

죽음을 맞이하러 느보산을 오르는 모세의 눈에
눈물이 하염없이 흐른다

가나안 입성을 막으시는
하나님이 섭섭해서 흘리는 눈물이 아니다

나일강 갈대 상자에서 살리시고
애굽의 학문과 바로 궁의 지도자 훈련을 거쳐
40년의 광야 생활로 영성을 훈련시키신 하나님

자신을 사용하셔서 400년 종살이에 신음하던
노예 민족을 해방시키게 하셨는데
무엇을 더 바란단 말인가

하나님이 감사해서
그분이 너무 고마워서

모세는 죽음 앞에서
지금 이렇게 뜨거운 눈물을 쏟고 있는 것이다

여호와께서 그에게 이르시되
이는 내가 아브라함과 이삭과
야곱에게 맹세하여
그의 후손에게 주리라 한 땅이라
내가 네 눈으로 보게 하였거니와
너는 그리로 건너가지 못하리라 하시매
이에 여호와의 종 모세가
여호와의 말씀대로
모압 땅에서 죽어
벳브올 맞은편 모압 땅에 있는
골짜기에 장사되었고
오늘까지 그의 묻힌 곳을
아는 자가 없느니라

신 34:4-6

노상 강도 당한 날

남아공 케이프타운 공항에서
한국에서 방문하신 소중한 손님들을 작별하고
1200킬로 떨어진 선교지 사택으로 돌아오는 길
아침 10시경 길가에서 포도를 파는 사람들이 있어
차를 멈추고 가격을 묻는 그 찰나
갑자기 포도 상인들이 강도로 돌변하여
10여 명이 차 안으로 난입하였다

그들은 굶주린 맹수 떼처럼 날뛰며
아내의 가방, 아내의 신발까지 벗겨 갔고
차 안의 종이 조각까지 싹 쓸어갔다
나를 제압하고는 지갑 속의 카드를 꺼내
비밀번호를 대지 않으면 당장 죽이겠다고 눈을 부라리며
흉포하게 위협했다

머릿속이 하얗게 되면서
나는 악몽을 꾸듯 허우적거렸다
아련히 아내의 통곡 소리가 꿈처럼 들렸고
나는 사색이 되어 입도 벙긋 못하고 얼어붙어 있었다
얼마나 지났을까 폭풍이 할키고 간 자리처럼

차 안은 폐허가 되어 있는데
경찰이 다가와 우는 아내를 달래며 우리를 경찰서로 데려갔다

그날 이후
얼마 동안 우리 부부는 트라우마에 시달리며
노상에서 뭔가를 파는 상인들만 봐도 가슴이 떨렸다
안전한 선교지는 세상에 아무 데도 없다
오직 주님의 품에 안기기까지는...

이 세상의 부요함보다
이 세상의 좋은 친구보다
나의 꿈을 이루는 것보다 더 귀한 분
필요한 모든 것을 다 얻었고
내가 원한 삶을 사는 것보다
어느 누구의 그 사랑보다 귀한 분
붙드소서 주님 나를 놓지 마소서
내 영혼 비추시고
내게 생명 주신 주님
주의 사랑 너무 커 나의 맘 드려 주께
주님만 영원히 사랑해
나의 사랑 멈추지 않으리

찬양 : 선교사의 삶

넋두리

나는 바보처럼 사람들이 다 나 같은 줄 알았다
한 번 사랑하면 끝까지 가는 줄 알았다

내 앞에서 좋은 말하고
뒤에서 험담에 동참하며
타인이 나를 흉볼 때 아무 변호도 안 해줄 줄
나는 꿈에도 몰랐다

선교지에 와서 현장을 보고 가면
두고두고 감동해서 장기 후원자가 될 줄 알았다

나는 세상이 나를 중심 해서 도는 줄 알았으며
사랑은 결코 변하지 않기에
그저 나는 사람들의 사랑에 안심하고 있었다

그러다가 여기저기서 상처받고 배신당하고 여지없이 깨졌다
그만하면 이제 나도 철이 들어야 했다
착각과 망상 속에서 이제 냉정한 현실을 직시해야 했다

66세가 되어
이제야 겨우 내가 참 어리석은 인간이구나 하는 생각이 든다

믿음의 주요
또 온전하게 하시는 이인
예수를 바라보자
그는 그 앞에 있는 기쁨을 위하여
십자가를 참으사
부끄러움을 개의치 아니하시더니
하나님 보좌 우편에 앉으셨느니라
너희가 피곤하여 낙심하지 않기 위하여
죄인들이 이같이
자기에게 거역한 일을 참으신 이를 생각하라

히 12:2-3

부록

NCOWE V 2010 선교전략회의

"한국 청소년과 세계선교"

발제자: 노록수 선교사(kpm 선교사)

한국에 복음이 들어온 지 125년이 흐른 현시점에서 한국적 선교모델을 정립하여 세계선교에 기여하자는 취지로 개최되는 NCOWE V 2010 선교전략회의의 50여 분과 중 '청소년'분과도 있다는 것이 나로서는 새삼 반갑고 이채롭다. 발제자로 초청받은 필자는 선교사로 가기 전 한국에 있을 때 타인들에게 청소년에 미친 사람이라고 하는 말을 종종 들었다.

이상하게 교회 안의 청소년들만 보면 애정이 가고 가슴이 뛰었다. 그들이 복음의 감격도 없이 맹숭맹숭 교회 다니는 것을 보면 고함을 지르지 않고는 못 견딜 것 같았다. 수많은 교회와 수련회 청소년 강사로 뛰면서 청소년들의 영혼에 예수 그리스도의 십자가 사랑을 전하기에 젊음을 불태웠다. 그때 출판하여 청소년들에게 읽혔던 신앙잡지의 이름이 "한국 청소년과 세계선교"였다.

이제 에딘버러 선교대회 100주년을 기념하여 열리는 본 선교전략회의에 다시금 동일한 주제로 초청받은 본 발제자는 학구적이고 이론적인 측면의 논문 발표식 접근보다는, 실제적practical이고 성경적 Biblical 이며 본인이 체험하고 한국교회에서 보아

온experienced, 청소년과 세계선교에 관한 주제를 정리해 발제하려고 한다. 뜨거운 가슴과 실제적 체험의 열매에 대한 독창적이고 창의적이며 지극히 한국적인 측면에서 세계선교에 도움이 될 수 있는 점들을 정리하는 데 초점을 맞췄다.

1. 청소년과 세계선교의 연관성

언뜻 생각하면 세계선교와 청소년과는 별로 관계가 없어 보이는 주제인 듯 보인다. 반항적이고 철없는 십대 청소년들의 이미지와 고국을 떠나 낯선 타국에서 피 묻은 예수 그리스도의 복음을 순교의 각오로 평생을 증거 하며 살아야 하는 세계선교의 비장한 단어와는 왠지 어울리지 않아 보이는 것이다. 그러나 조금만 통찰력을 가지고 상고해 보면 이 두 단어는 엄청나게 단단한 뿌리를 가지고 연결되어 있음을 알게 된다.

세계선교는 누가 동참하는가?

주 예수를 뜨겁게 사랑하는 믿음의 사람들이 그분의 지상명령(마 28:18~20)을 받들어 드리기 위해 대 위임The Great Commission의 어명에 순종하는 것이다. 헌신된 믿음의 사람들이 아니면 누가 주 예수를 위해 세계선교의 영적 전쟁터에 자발적으로 나아가겠는가? 오직 성령이 심령에 불로써 임하여 주님을 전하지 않고는 견딜 수 없을 때 사도행전 1장 8절의 말씀처럼 땅끝까지 이르러 증인이 되는 것이다.

그런데 성경을 상고해 보면 성경의 대표적 신앙 인물들이 청소년 때부터 그 믿음이 남달랐다는 것을 사람들은 종종 간과해 버린다.

하나님이 그토록 마음에 들어 하시고 애지중지하시며 엄청난 사역을 감당하게 하여 하나님의 영광을 크게 드러나게 하셨던 다윗은 어른이 되어서 신앙이 좋았던가? 어른이 된 다음에 사역자로 기름부음을 받았던가? 아니다. 그는 청소년 시절에, 십대 때 기름부음을 받았고 그 믿음의 기개는 어른들을 능가하였다.

1) 다윗을 보라

사무엘상 17장을 보면, 이방의 블레셋과의 전쟁터에서 적장 골리앗이 거룩하신 하나님과 그의 백성인 이스라엘을 가소롭게 보고 이스라엘의 하나님을 날마다 공개적으로 모욕했을 때, 사울 왕을 비롯한 모든 이스라엘 어른들은 겁에 질려 쩔쩔매고 있었다. 이때 전쟁에 나간 형님들에게 먹을 것을 전하며 형들의 안부를 확인하러 갔던 소년 다윗이 이 어처구니없는 전황을 목도하고는 다음과 같이 소리를 지르며 격분하여 싸움에 나섰다.

이 할례 받지 않은 블레셋 사람이 누구이기에 살아계시는 하나님의 군대를 모욕하겠느냐 (삼상 17:26)

이것이 10대 소년의 입에서 나온 신앙고백임을 우리는 잊어버려서는 안 된다. 이 시대라고 왜 다윗 같은 청소년이 없으란 법이 있는가? 그리고 그런 다윗 같은 믿음의 청소년들을 한국교회가 길러낸다면 세계선교의 영적 전쟁터에 얼마나 큰 전력보강이 이루어지겠는가? 바로 이런 맥락에서 보면 청소년 신앙과 세계선교는 밀접한 상관관계가 있는 것이다.

2) 요셉을 보라

요셉은 17살 때 애굽으로 노예가 되어 팔려 갔다. 지금의 한국 고등학교 1학년에 해당하는 나이다. 그런데 그 고교 1학년 나이의 청소년이 얼마나 신앙이 독실했던지 하나님이 그와 동행하사 그가 어디로 가든지 형통했다(창 39:2)고 성경은 기록한다.

요셉은 어른이 된 다음에 은혜받고 그 정금 같은 신앙을 갖게 된 것이 아니라, 십대 청소년 시절에 이미 주님과 동행하는 수준의 신앙을 소유했던 것이다. 17세의 소년 요셉을 택하시고 그 신앙을 불로 연단하셔서 이스라엘을 보존케 하시고 당대의 애굽과 세계를 살리신 하나님이 한국교회 안의 청소년들의 심령을 부흥케 하시어 세계선교의 추수 밭으로 부르시고 수많은 영혼들을 살리게 하실 줄 누가 아는가?

3) 나 자신을 볼 때도 그러하다

본 발제자가 청소년에 미치게 된 이유는 내 자신이 바로 청소년 때 주님을 만났기 때문이다. 불신 가정에서 전혀 복음을 모르고 살다가 중학교에 입학했는데 1학년 때 담임선생님의 권유로(다니던 학교가 Mission School 이었다) 교회에 첫발을 디디게 되었다. 중2 때 예수님을 인격적으로 나의 구세주로 영접하게 되었고, 고1 때 커서 목사가 되겠다는 소원이 생겼다. 나중에는 한국에는 나 아니어도 목사님이 많으니 한국 목사 없는 나라에 가서 주님 십자가 복음을 전해야겠다는 열망을 주시어 94년도에 한국을 떠나 아프리카 레소토 왕국에서 16년째 봉사하고 있는데 놀랍게도 청소년 시절에 소망했던 그대로 16년 동안 한국인 목사는 유일하게 레소토 땅에 나 혼자뿐이다. 청소년 때 품었던 주의 선교를 위한 꿈이 놀랍게도 평생을 두고 이뤄지고 있는 것이다.

뿐만 아니라 본인의 아내인 김은해 선교사도 똑같이 중, 고교 시절에 선교 사명을 받았다고 간증한다. 부산 광안중앙교회(예장, 고신)에서 어릴 적부터 신앙생활을 한 김은해 선교사는 청소년 시절 자신의 교회에 안식년을 맞아 세계 각처에서 선교사님들이 방문하여 선교 보고를 하는 것을 자주 접하면서 자신도 커서 선교사가 되고 싶다는 선교의 꿈을 간직하며 자라게 되었고 그 마음의 소원을 보신 하나님이 평생을 선교사의 삶을 살게 하신 것이다.

이처럼 부부가 다 청소년 시기에 세계선교의 꿈을 갖게 된 공통분모가 있어서인지 결혼하여 선교지에 나가 사역을 하면서도 선교지에 있는 청소년들에 대한 애정은 쉽게 꺼지지를 않았다. 에이즈로 부모 잃은 고아들을 한 명, 두 명 집에 데려다가 자식처럼 키우며 예수 사랑을 나누다 보니 현재 선교지의 우리 집은 꽉 찬 만원이다. 아이들을 위해 침대를 만든 만큼 아이들로 채워져 있다. 그들 중 절반은 에이즈 감염자들이고(출생부터) 나머지 절반은 그들의 부모는 에이즈로 죽었어도 다행히 그 병을 갖고 있지 않다. 이들이 장성하여 아프리카 선교의 선봉에 설 것을 확신한다.

물론 현재 선교사로 일하시는 모든 분들이 다 청소년 때 선교사로 부름받았다는 건 아니다. 어떤 분은 더 일찍, 어떤 분은 더 늦게 부름받았을 수도 있다. 그러나 한 가지 분명한 사실은 한국교회 안에서 자라고 있는 수많은 청소년들이 미래 세계선교의 엄청난 못자리판이라는 사실은 틀림이 없다.

청소년기는 감수성이 예민한 시기이다. 그렇기에 연예인들에게 푹 빠지기도 쉽고 음악이나 게임 기타 다른 세상의 것에 쉽게 빨려 들어가기도 쉽다. 바로 그러한 시기에 예수님에게 푹 빠지고, 복음의 은혜에 빠지고, 십자가의 피 묻은 그리스도의 사랑에 감격하여 펑펑 우는 청소년들로 이끌 수만 있다면, 그래서 세계선교의 도도한 물결의 비전을 그들에게 심어 줄 수만 있다면, 우리 한국교회가 주도하는 세계선교의 시대는 앞당겨질 것이다.

우리는 이토록 중요한 잠재적 선교의 자원인 청소년 분야를 조금 소홀이 여기는 경향이 있다. 현재의 한국교회 현실을 보자. 교회 안의 중·고등부의 영성은 희미하게 꺼져가고 있다고 해도 과장이 아니다.

2. 한국교회의 청소년 영성의 현주소

현재 한국교회의 중·고등부 안을 자세히 들여다보자. 5년 주기로 안식년을 맞아 한국에 들어와 보면 변한 것이 한두 가지가 아니지만 한국교회의 청소년들이 너무 많이 변해 있는 모습에 나는 충격을 받는다. 수십 교회의 중·고등부를 방문하여 말씀을 전했지만 아, 이 교회 청소년들은 영적으로 깨어 있구나... 하는 생각이 드는 교회는 거의 없었다.

여학생들은 휴대폰을 만지작거리며 문자나 날리고 있고 거의 설교자나 말씀은 관심도 없고 거들떠보지도 않겠다는 태도이다. 남학생들은 옆에 친구랑 히히덕거리며 장난치느라 정신없다. 예배 시간이 많이 지났는데도 미안한 기색도 없이 쑥쑥 들어오는 학생들이 부지기수이고 그들을 맞이하는 교사들은 자신들이 무슨 잘못이라도 저지른 사람들처럼 학생들에게 쩔쩔매며 안내하느라 예배 시간이 분주하다. 처음 찬양 시간에 일부분의 학생들은 찬양에 동참하지만 절반 정도는 송아지 형님 쳐다보듯 멀뚱멀뚱 예배당 천장만 보고 있다. 설교하기가 얼마나 고역인지... 관심이 없고 듣고자 하지 않는데 억지로 설교하기가 얼마나 힘든지는 청소년 사역자들만이 아는 고충이리라. 이것이 내가 경험한 2010년, 바로 오늘의 한국교회 안의 중등부, 고등부 예배 시간의 자화상이다. 눈물 흘리며 기도하는 학생들이 천연기념물처럼 찾기 힘들다. 말씀을 사모하고 은혜받아 기뻐하는 십대들은 너무나 소수다. 십대들의 마음과 관심이 온통 학원, 연예인, 컴퓨터 게임... 등등에 쏠려있고 예수 그리스도의 십자가 복음은 비집고 들어갈 자리가 버거워 보이는 것이 솔직한 현실 진단이다. 청소년들이 술, 담배 하는 것은 특별한 이야기거리도 안 되는 세태이다. 그들의 입에는 '씨~'로 시작하는 더러운 욕설이 무슨 일상적인 형용사나 부사처럼 자연스럽게 흘러나온다. 여중생들이 졸업식 때 알몸으로 선배들에게 기합을 받는 장면이 사회문제가 되어 매스컴을 장식한다. 내적인 아름다움이나 생각과 철학의 고상함을 추구하는 가치관은 찾아볼 수 없고 얼짱이니, 몸짱이니 하며 외모 지상주의에 휩쓸려 가고 있다. 나쁜 것은 괜찮아도 못생긴 것은 용서 못 한다는 것이 그들의 삶의 태도가 되어 있다.

이런 기가 막힌 위기의 상황에서 한국교회는 이 심각함을 잘 인식하고 있을까? 나로서는 얼른 긍정적인 대답이 안 나온다. 기독교 신문이나 방송을 보면 어른들 프로그램 일색이다. 어른들 부흥을 위해서는 두 달 내내 전도 캠페인을 벌이고 수천, 수억 원의 재정을 아낌없이 쏟아부으면서도 내일의 한국교회의 주역들이요, 세계선교의 못자리판인 중·고등부를 위해서는 너무나 투자가 초라한 것이다. 해마다 다른 예산들은 증액이 많이 되어지는데 청소년 부흥을 위한 과감한 투자는 좀처럼 이루어지지 않고 있는 것이 오늘 한국교회의 슬픈 풍속도이다.

거기에 더욱 우리를 슬프게 하는 것은 청소년들의 가슴에 성령의 불을 지를 청소년 전문 사역자들이 너무 회소하다는 사실이다. 경험해 본 분들만이 아시겠지만 교회 안에서 청소년 사역은 중노동에 해당한다. 그 더운 여름에 찜통 같은 수련회 장소에서 잠 제대로 못 자고 아이들 은혜받게 하려고 발버둥 치는 교사들과 청소년 사역자들의 몸부림을 상상해 보라! 어른들 사역의 열 배의 땀방울을 흘려도 열매는 저조한 것이 청소년 사역이다. 밑 빠진 독에 물 붓기 같은 느낌이 드는 것이 청소년 사역이다. 늘 돌아봐야 하고 함께해 주어야 하고 붙잡아 주어야 한다. 청소년 사역자들은 고생은 넘치게 하면서도 사례나 재정적 형편은 별것 없다. 이런 현실이다 보니 누가 청소년 부흥을 위해 발 벗고 나서려 하겠는가?

『SS 혁신 보고서』란 책에서 김만형 목사는 한국교회의 주일학교 교육이 잘 안 되는 다섯 가지 주된 이유를 언급했다(SS 혁신 보고서, 에듀넥스트 출판, P46).

1) 아이들과 함께하는 시간 부족

일주일의 하루, 그것도 80분이 넘지 않는 시간... 이 단번의 짧은 시간으로는 아이들의 영적이고 생활적인 문제나 욕구를 채워주기에는 역부족이다.

2) 교회에서의 공간 부족

주일학교 교육을 위한 전용공간 하나 제대로 확보되지 않은 교회가 대부분이다.

3) 교육철학 부재

구색용, 액서 세리 주일학교. 철학이 없이 눈대중으로 대충 가는 교육 풍토이다.

4) 교육투자 전무

언제나 찬밥 덩어리 주일학교. 세속 교육의 열풍과 광풍 앞에서 속수무책이다.

5) 전문인 부재

주일학교 교육 담당은 장년부를 맡기 위한 준비단계에 불과. 세상 학교는 선생님이 평생 교육만을 위해 헌신하고 있는 데 반해 교회 교육은 그런 장기적이고 헌신된 전문가가 거의 없다. 이런 암울한 상황 속에서도 청소년들의 영성 회복과 부흥을 위해 고군분투하는 단체와 사역자들이 엘리야 시대의 7천 명의 남은 자들처럼 존재하고 있다는 것이 감사할 일이다.

3. 한국교회의 청소년 부흥 운동의 사역들

1) 코스타 KOSTA 의 25년 사역과 유스 코스타

1986년 미국 워싱턴 근교에서 200여 명의 유학생이 모인 북미 유학생 수양회가 그 시초가 되어 탄생한 코스타는 'Korean Students All Nations'의 약자로 세계에 흩어져 있는 한국 디아스포라의 후예들과 유학생들에게 복음을 전함으로써 조국을 섬길 인재를 육성하고 학문과 신앙의 통합을 주도할 미래의 기독교 지도자를 양성한다는 비전을 가지고 한국교회와 미국에 있는 교포교회의 지도자들이 자발적으로 움직인 결과였다. 대표적인 인물로 홍정길 목사, 이동원 목사, 손봉호 장로 등이 초기에 기초를 놓았다(기독교보, 2010년 5월 15일자 10면 참조).

코스타USA의 소문은 전 세계로 빠르게 뻗어나갔고 1988년에 열린 유럽 유학생 수련회를 기점으로 코스타는 전 세계로 뻗어나갔다. 일본, 러시아, 토론토, 밴쿠버, 북경, 상해, 뉴질랜드, 호주, 남미, 대만, 필리핀 등에서 차례차례 수양회가 열렸고 그때마다 수많은 젊은이들이 회심하거나 헌신을 약속하는 일이 반복됐다.

그러다가 청년 유학생뿐만 아니라 중·고등 유학생에게도 시선을 돌리게 되었는데 한국 경제의 성장으로 조기 유학생들이 많아지자 그들도 예수의 복음 안에서 은혜받고 주의 나라를 위한 비전을 품게 하자는 취지로 시작하게 된 것이다. 2000년 처음 코스타에서 시작한 유스 코스타에 청소년 유학생들이 많이 몰려들었다. 그리고 그 현장에서도 청년 코스타와 같은 동일한 회심과 헌신의 부흥이 일어났다.

이제 코스타는 사역한 지 25년이 되었는데 전 세계 15곳의 청년 코스타와 12곳의 유스코스타로 크게 사역의 지평이 넓어졌다. 본 발제에서 꼭 밝히고 싶은 코스타의 매력이 있다. 왜 코스타에 참석하는 수많은 젊은이, 청소년들이 그토록 열광하고 충만한 은혜를 받게 될까? 그 대답은 오직 주님의 은혜로 된 것이라는 것이 정답이지만 그 은혜가 임하도록 하는 대회의 특징과 강사들의 헌신이 숨겨져 있다는 것이다.

코스타는 일정이 빡빡하기로 유명하다. 새벽기도회에서부터 저

녁 취침 시간인 10시까지 쉬는 시간이라곤 찾아볼 수 없는 게 코스타다. 찬양과 기도와 집회, 그리고 사이사이에 이어지는 소그룹 모임... 외형적으로는 한국의 보통 수련회와 크게 달라 보이는 것같지 않지만 결정적으로 다른 게 있다. 자비량으로 참석하는 강사진이 그것이다. 한 대회에 참석하는 강사진이 대략 25명선, 보통은 한 타임, 많아봤자 두 타임이 이들 강사진에게 배정되는데 코스타의 모든 강사진은 첫 순서부터 마지막 순서까지 전체일정에 참여해야 하고 강사진들도 이를 당연하게 여긴다. 제1회코스타 때부터 지켜온 코스타의 원칙인 것이다. 바로 이것이 코스타를 다른 수양회와 구별되게 만든 주요 원인이라고 한다. 코스타가 너무 좋아 미국의 의사직을 그만두고 코스타를 따라다니며 18년째 강사로 섬기고 있다는 박수웅 장로는 이렇게 말했다(기독교보, 2010년 5월 15일자, 10면).

"코스타 강사는 잠도 제대로 자기 어려워. 밤 10시에 저녁 집회가 끝나도 학생들이 상담하기 위해 숙소로 찾아오거든. 한 명 두 명 상담해 주다 보면 12시가 훌쩍 넘어가지. 그래도 학생들이 내 방 앞에서 상담순서를 기다리고 있는 것을 보면 잠자리에 들 수가 없잖아. 그러다 보면 새벽 2시 3시에야 잠자리에 들게 되고... 이런 상황이 집회 마지막 날까지 계속되는 거야."

대회 일정 내내 참여하는 강사진은 강사와 참석자의 거리를 없애는 데도 일조했다. 한국의 보통 수련회 같으면 무대 위 모습만 볼 수 있는 손 한 번도 잡기 힘든 유명 강사들이 쉬는 시간마다 참석 학생들과 복도에서 진지하게 이야기하는 모습은 코스타에서는 흔한 풍경이라는 것이다. 목사뿐만 아니라 각 분야의 영성을 갖춘 전문적인 양질의 강사들이 참석자들의 만족도를 높이는 데 일조했다는 사실도 아무도 부인하지 않는 코스타의 주요 성공 요소이다.

한국교회의 청소년 사역자들도 코스타를 통해 좋은 점을 흡수하고 배워야만 한다. 우리 교회의 아이들이 은혜를 받고 그 평생을 그리스도께 드리는 헌신의 역사가 있기 위해서는 수많은 눈물의 기도와 아낌없는 투자가 이뤄져야 하는 것이다.

2) SFC와 청소년 사역

SFC는 'STUDENT FOR CHRIST'의 약자로서 학생 신앙 운동 단체이다. 특별히 이 SFC는 필자가 속한 장로회 고신 총회 산하의 학생 신앙 운동단체이다. 6·25의 폐허 위에 한국교회가 막 다시금 새 살을 돋고 움츠려 일어나려 할 때 몇몇 뜻있는 학생들이 조국의 현실을 가슴에 품고 기도하며 하나님의 영광과 그 나라를 위해 회개 운동과 삶의 순결을 외치며 생성되기 시작한 이 학생 신앙 운동은 분단 후 60여 년을 이 민족과 함께 호흡하며 학생 신앙 운동의 명맥을 이어 오고 있다. 2010년 현재는 풀타임 간사 100여 명이 대표 간사 송재홍 목사와 함께 전국 지역별로 나누어져 캠퍼스와 중·고교 현장에서 학생들의 영혼을 돌보며 복음을 전파하고 있다. 해외에도 꾸준히 지부를 확장하고 학생들을 위한 사역자를 파견하고 있다. 방학 때는 수만 명이 함께 모여 수련회를 가진다. SFC의 강점은 교회 중심의 학생선교단체라는 것과 유급 사역자들이 풍부하게 포진되어 꾸준히 학생들의 영혼을 현장에서 관리한다는 것이다.

3) C.C.C, 예수전도단, 그리고 다른 청소년 사역들

한국에서 시작되지는 않았지만 예수전도단이나, C.C.C 등의 세계적 선교단체들의 청소년 사역도 활발하게 한국에서 이루어지고 있다. 또한 Rise Up Korea나 몇몇의 청소년 선교단체들이 일어나 한국교회의 청소년들의 영성을 일깨우고 있는 것은 너무나 반가운 일이다. 규모가 크지는 않아도 매년 여름 방학이나 겨울철에 꾸준히 청소년 수련회를 연합으로 주최하여 은혜를 끼치는 단체들도 있다. 주님께서 우리의 시야를 여시어 청소년 신앙 부흥의 중요성을 일깨우게 하시고 그로 말미암아 세계선교의 수많은 미래의 사역자들이 배출되기를 소망한다.

4. 한국교회의 청소년들의 부흥을 위한 전략적 제안들

이제 본 발제를 마무리 지으려 하면서 어떻게 하면 한국교회의 청소년 파트가 생기를 얻고 살아날 수 있으며 그 힘을 어떻게 세계선교로 연결할 것인가에 대한 전략적 제안을 해 보고자 한다.

1) 어른 교인들에게 청소년 신앙 부흥의 중요성을 강조하자.

현재 얼마나 우리의 십대들이 영적으로 메말라 있으며 그들이 은혜받고 믿음 안에서 자라가는 것이 미래의 한국교회와 세계선교에 얼마나 중요한지를 한국 강단은 끊임없이 강조하고 외쳐야 한다. 그렇지 않으면 해가 져 가는 유럽교회들처럼 한국교회의 미래도 비관적일 것이다.

2) 다 출산 운동은 교회 안에서 일어나야 한다.

생육하고 번성하여 땅에 충만 하라는 것은 하나님의 명령이다. 아들딸 구별 말고 하나만 낳아 잘 기르자는 것은 반성경적 구호이다. 이슬람 회교도들은 다 출산 정책으로 갈수록 그 세를 넓혀가는데 예수 믿는 우리는 무슨 생각을 하면서 살고 있는가? 한국교회 안의 주일학교가 매년 감소하고 있다. 우리 믿는 자들은 다음 세대를 생각하면서 오늘을 살아가야 한다.

3) 코스타나 SFC처럼 과감하게 청소년들을 위해 인력과 재정을 투자해야 한다.

교회 건물 크게 짓는 것도 중요하지만 우리 교회 안의 다음 세대들이 믿음 안에서 든든한 뿌리를 내리며 살아가도록 그들의 영적인 필요를 채우기 위해서라면 아낌없이 투자해야 한다.

4) 문화, 예술, 음악, 미디어 분야에서 성령 충만한 믿음의 선배들이 많이 일어나 이 시대의 청소년들에게 롤모델이 되어 주어야 한다.

시대는 많이 변했다. 복음의 접근 코드도 청소년들에게 어필되도록 옷을 갈아입어야 한다. 십자의 복음의 본질은 그대로 살리면서도 비둘기처럼 순결하게 뱀처럼 지혜롭게 이 세대에 다가가야 한다.

●

이 원고는 15년 전에 나눈 말씀이다. 지금의 한국 사회는 그때보다 더 위기를 맞이하고 있다. 특별히 MZ 세대들은 예수님을 모르고, 교회에 무관심한 현실이다. 그럼에도 불구하고 기성세대는 다음 세대를 가슴에 품고 예수님이 하신 말씀 "너희와 너희 자녀를 위해 울어라"라고 하신 말씀을 생각하며 그들을 가슴으로 품어야 한다.

지은이 ● 노록수

노록수 선교사는 서울대와 고신대학원을 졸업하고 1995년
도에 고신총회선교부 파송으로 남아공에 선교사로 파송되
었다. 선교지에서 30년 동안 에이즈 고아 돌봄과 함께 가난
한 흑인 목회자들을 위한 지도자 훈련을 꾸준히 감당해 왔다.
저서로는 『90일 성경통독』, 『성경으로 기도하기』, 『1년 1독
365일 성경통독, 꿀송이 보약큐티』 등이 있다.

저자 연락처 010 7393 1397(카톡이나 문자 소통)
이메일 roksu6128@gmail.com